AF602409

3 Mars 1884.

99P

COLLECTION CÉRAMIQUE

DE M. MILET

DE LA

MANUFACTURE DE SÈVRES

EXEMPLAIRE DE H. STETTINER

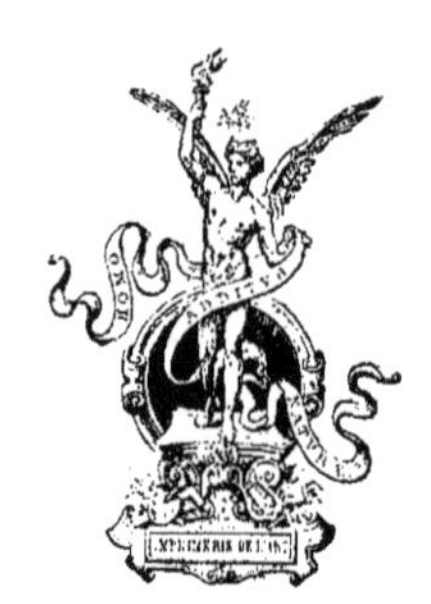

CATALOGUE

DES

FAIENCES ANCIENNES

DES DIVERSES FABRIQUES

FRANÇAISES ET ÉTRANGÈRES

COMPOSANT

LA COLLECTION CÉRAMIQUE DE M. MILET

DE LA MANUFACTURE DE SÈVRES

ET DONT LA VENTE AURA LIEU

HOTEL DROUOT, SALLE N° 3

Le Lundi 3 Mars 1884, à deux heures

Par le Ministère de Me **PAUL CHEVALLIER**, commissaire-priseur,

10, rue de la Grange-Batelière, 10

Assisté de **M. CHARLES MANNHEIM**, expert,

7, rue Saint-Georges, 7

Chez lesquels se trouve le présent Catalogue.

EXPOSITION PUBLIQUE

Le Dimanche 2 Mars 1884

DE UNE HEURE A CINQ HEURES

CONDITIONS DE LA VENTE

Elle sera faite au comptant.

Les adjudicataires payeront *cinq pour cent* en sus des enchères.

L'exposition mettant le public à même de se rendre compte de l'état des objets, aucune réclamation ne sera admise une fois l'adjudication prononcée.

PARIS. — IMPRIMERIE DE L'ART, J. ROUAM, 41, RUE DE LA VICTOIRE.

La petite collection qui est livrée aux enchères renferme en raccourci l'histoire de la Céramique; son classement même indique les étapes de toute une industrie sur notre globe, depuis la terre cuite informe jusqu'au vase d'ornement en faïence, en porcelaine.

On voit que l'auteur céramiste a voulu s'amasser des matériaux en vue d'étudier pâtes, glaçures et procédés de son art. Avec cette considération le pot vulgaire sert à expliquer le vase précieux; l'un et l'autre sont d'ailleurs le reflet d'une civilisation correspondante.

Chemin faisant, durant trente années et plus de recherches, de véritables raretés sont tombées aux mains de M. Milet. N'est-ce rien que d'avoir réuni une curieuse suite de carrelages et un panneau architectural de Brémontier, fabrique à peine connue, — un fragment de la célèbre faïence d'Oiron (Henri II), — une jolie fiasque en porcelaine des Médicis, — une sucrière rouennaise à nielles sur jaune brun, objet peut-être unique dans sa beauté de forme et de décor; sans compter des pièces avec inscriptions, dates et signatures d'artistes et de fabricants ?

Ce modeste ensemble, instructif dans sa diversité, reliant l'antiquité au présent, eût mérité d'être préservé de la dispersion.

DÉSIGNATION DES OBJETS

CARRELAGES HISTORIÉS

1 — Assemblage de quatre carreaux ornés par incrustation de fleurs de lis, lions et castille, en terre vernissée. XIIIe siècle. Du Pont-au-Change, à Paris. — 60 cent. sur 12 cent.

2 — Collection de seize carreaux ornés par incrustation de fleurs de lis, armoiries, damiers, rosaces, etc., en terre vernissée. XIIIe au XVe siècle. Provenance normande et du Beauvaisis.

3 — Assemblage de quatre carreaux en losange, à deux dessins alternés représentant l'un la tête du Christ entourée de la couronne d'épines, l'autre la tête de la Vierge; dessins en creux; grès émaillé en bleu et vert. Fabrique de Brémontier, près Neufchâtel-en-Bray. XVIe siècle. — Dimension, 27 cent. sur 27 cent.

4 — Autre assemblage semblable. (Proviennent de l'église de Brémontier.)

5 — Assemblage de quatre carreaux allongés encadrant un losange; animaux dessinés en creux. Terre vernissée. Même fabrique. XVIe siècle. — Dimension, 35 cent. sur 12 cent.

6 — Assemblage de quatre carreaux dont deux hexagones allongés à tête d'homme et de femme et deux en losange à rosace et animal. Prototypes des suivants. xvie siècle. — Dimension, 31 cent. sur 27 cent.

7 — Assemblage de six carreaux hexagones allongés représentant : tête d'homme barbu, type François Ier, tête de femme et un génie debout, alternés de losanges ornés de griffons, etc.; dessin en creux. Grès émaillé en bleu. Même fabrique. xvie siècle. Proviennent de l'hôtel d'Ango, à Dieppe. — Dimension, 40 cent. sur 33 cent.

TERRES CUITES

8 — Médaillon représentant en assez haut relief le profil d'un personnage inconnu du xviiie siècle, sans signature ni exergue. Œuvre de Nini ; au revers, le chiffre 3 gravé. Terre rouge. — Diam., 17 cent.

9 — Médaillon représentant le profil de Franklin coiffé d'un bonnet à fourrure. Exergue : B. Franklin américain. Signé : Nini F. 1777. Armes de Franklin, et au-dessous : 1777. Au revers, une fleur de lis en creux.— Diam., 22 cent.

POTERIES LUSTRÉES

10 — Petite coupe creuse à fond étroit en terre rouge à peine lustrée, portant cette estampille au fond : dvior, peut-être celle du potier gaulois divix ; époque gallo-romaine. — Diam., 13 cent.

11 — Petit vase à fond étroit et col allongé, engobé de noir peu brillant et inscrit du mot DISCE, chaque lettre séparée par des points, entre deux lignes en terre blanche rapportée au pinceau. Époque gallo-romaine. — Haut., 10 cent.

POTERIES MATES & POLIES

12 — Deux vases turbiniformes, l'un en terre d'un blanc rosé, l'autre en terre noirâtre orné de guillochés; proviennent d'un cimetière de la période franque en Normandie. VIIIe siècle. — Haut., 12 cent.

13 — Vase sphérique en terre grise, à fond bombé, crevé sur la panse pendant la cuisson; provient d'un four à Goincourt, près Beauvais (Oise), découvert en 1839. X^e ou XIe siècle. — Haut., 19 cent.

14 — PARIS. Cafetière ou coquemard à bec, en terre d'un gris jaunâtre, ornée de rayures rouges. (Fouilles de Paris. XIIe siècle. — Haut., 16 cent.

15 — PARIS. Pot à couver sphériforme à anses en terre jaunâtre, orné de rayures rouges. (Fouilles de Paris.) XIIe siècle. — Haut., 16 cent.

16 — PARIS. Vase piriforme à col ouvert, sans anse, en terre jaunâtre, orné de lignes rouges. XIIe siècle. (Fouilles de Paris.) — Haut., 16 cent.

17 — PÉROU. Vase méplat à anse, en terre noire, représentant sur une face un personnage sommairement vêtu, les mains étendues, coiffé d'un large chapeau à plumes: sur l'autre face, la lune dans son plein et son crois-

sant; le tout en bas-relief dans un grenetis; travail antique du Pérou. — Haut., 25 cent.

18 — INDE. Buire couverte à anse et son plateau en terre noire polie; fine ornementation en étain métallique incrusté. Produit de l'Inde moderne. — Haut., 25 cent.

19 — INDE. Trois plateaux ou soucoupes en terre jaunâtre enduite de noir poli; ornementation gravée et incrustée en étain métallique; produit de l'Inde moderne. — Diam., 16 à 17 cent.

20 — MEXIQUE. Trois coupes, l'une avec ornementation crucifère, les autres ornées de fleurs peintes en noir et rouge sur fond gris. Vernis végétal. XVIIe siècle. — Diam., 16 à 20 cent.

TERRES ET POTERIES VERNISSÉES

21 — MEXIQUE (?). Petit autel votif quadrangulaire, modelé en terre rouge avec têtes saillantes aux angles supérieurs; milieu ajouré; ornementation taillée et gravée. Époque indéterminée. — Haut., 19 cent.

22 — NUREMBERG. Figure assise : *Mater dolorosa*, modelée en haut-relief, largement drapée, les mains jointes; s'appuyant sur un petit monument. Vernis partiel jaune et vert. XVIe siècle. Inscription postérieure gravée au revers : DEA AMOR 1657. — Haut., 26 cent.

23 — BEAUVAISIS. Écritoire ajourée en terre blanche vernissée en brun. XVIe ou XVIIe siècle. — Larg., 18 cent.

24 — BEAUVAISIS. Pichet en terre blanche, décoré sur sa face

de l'écusson de France entouré d'un double grenetis. Vernis jaune nuancé de brun. xve siècle. — Haut., 16 cent.

25 — Beauvaisis. Pichet à ornements gravés sur engobe rouge. Vernis incolore. Pièce altérée. xve ou xvie siècle. — Haut., 17 cent.

26 — Beauvaisis. Plat décoré par engobe de fleurs en terre blanche dans le style persan, sur un fond en terre rouge. xviie ou xviiie siècle. — Diam., 32 cent.

27 — Beauvaisis. Plat décoré par engobe d'un vase élancé d'où s'échappent des fleurs en rouge sur terre blanche. Vernis plombeux. Fabrique de Saveignies. xviie siècle. — Diam., 35 cent.

28 — Beauvaisis. Plat décoré par engobe et gravure d'un vase et de fleurs épanouies, taches de vert et de rouge. Saveignies. xviiie siècle. — Diam., 33 cent.

29 — Beauvaisis. Plat orné par engobe d'une rosace blanche sur fond rouge brun. Saveignies. xviiie siècle. — Diam., 28 cent.

30 — Beauvaisis. Petit plat à dessin géométrique et entrelacs. xviie siècle. — Diam., 21 cent.

31 — Beauvaisis. Autre orné de fleurs en rouge, style persan. xviie siècle. — Diam., 20 cent.

32 — Beauvaisis. Deux assiettes, l'une ornée de fleurs engobées, l'autre tachée de violet et de vert. Saveignies. xviie ou xviiie siècle. — Diam., 21 cent.

33 — Pays de Bray. Panneau rectangulaire architectural.

formé d'un médaillon d'homme barbu, type François Ier, surmonté d'une chimère tenant deux enseignes et accompagné de dauphins. Bas-relief encadré de moulures. Base saillante à ornements. Fabrique de Brémontier. XVIe siècle. (Très rare.) — Haut., 45 cent.; larg., 22 cent.

34 — PAYS DE BRAY. Applique représentant en bas-relief le Christ en croix entre la Vierge et saint Jean, dans une arcature; vernis jaunâtre. XVIIe siècle. Fabrication de Martincamp. — Haut., 19 cent.

35 — PAYS DE BRAY. Plat en terre blanche décoré par engobe d'un écusson couronné et accompagné de branches en terre rouge; vernis plombeux taché de vert. XVIIIe siècle. Fabrication de Martincamp. — Diam., 35 cent.

36 — PAYS DE BRAY. Soupière couverte à deux oreillons, ornée de fleurs de lis en bas-relief; une couleuvre enroulée sur le couvercle sert de poignée; vernis brun. Fabrication de Martincamp vers 1820. — Haut., 21 cent.

37 — ROUMANIE. Assiette décorée par engobe d'une rosace; vernis brun. — Diam., 20 cent.

38 — ROUMANIE. Jatte vernissée en vert nuancé. — Diam., 22 cent. Petit vase à vernis jaunâtre. Exposition universelle 1867.

FAIENCES FINES OU VERNISSÉES

39 — OIRON. Fragment de salière en forme de petit monument, orné par incrustation de nielles colorés sur

4! —

pâte blanche avec console et moulures en saillie. *Oiron-Poitou*, XVIe siècle. Pièce inédite montrant bien les procédés de cette production célèbre qui porta le nom de Henri II. (Des dragages de la Seine à Paris.) — Haut., 5 cent.

40 — ANGLETERRE. Feuille de vigne ornementale en faïence blanche rehaussée de traits en bleu. Signature dans la pâte : WEDGWOOD. XVIIIe siècle. — Long., 12 cent.

41 — ANGLETERRE. Louche ou grande cuiller lobée en faïence fine dite terre de pipe. Vernis incolore rehaussé de vert. XVIIIe siècle. — Long., 30 cent.

FAIENCES SILICEUSES VERNISSÉES

42 — PERSE. Vase à col tronqué, décoré d'une ornementation chatoyante en lustre rubis passé au jaune; ancienne fabrication persane. — Haut., 9 cent.

43 — PERSE. Kalian en forme d'éléphant décoratif au repos, enharnachement et housses décorés en bleu sous couverte dans le style chinois. Ancienne fabrication persane. — Haut., 18 cent.

44 — PERSE. Plat richement décoré au centre d'un animal fabuleux, peut-être le Simorg dans les nuages; et sur le marli de huit motifs d'ornements alternés de rinceaux en peinture bleue sous couverte; transparence par places. Ancienne fabrication persane. — — Diam., 26 cent.

45 — PERSE. — Plat décoré au centre d'une rosace et en large bordure de rinceaux et de palmes: peinture

bleue sous couverte. Ancienne fabrication persane. — Diam., 31 cent.

46 — Perse. Plat orné au centre d'une rosace et d'une large bordure de godrons. Peinture en bleu et brun sur faïence grise. Ancien travail rustique de la Perse. — Diam., 32 cent.

47 — Perse. Coupe profonde décorée d'oiseaux et fleurs fantastiques, sous couverte Ancien travail persan. — Diam., 19 cent.

48 — Perse. Coupe à bord découpé, décorée extérieurement et intérieurement d'une sorte de damier et de rinceaux en bleu sous couverte. Ancienne fabrication persane. — Diam., 22 cent.

49 — Perse. Assiette décorée de rinceaux et de motifs gravés, remplis d'émail teinté alterné d'ornements en bleu sous couverte; transparence. Ancien travail persan. — Diam., 18 cent.

50 — Perse. Kalian en forme de bouteille à forte panse, muni d'une tubulure de côté, décoré d'un réseau en diagonale de fleurs et feuillages en rouge pâle, bleu et vert; décor assez rare avec emploi de rouge. Ancienne fabrication persane; déformation et transparence par places. — Haut., 29 cent.

51 — Perse. Coupe hexagonale décorée, sur chaque face, de motifs arabesques ou persans en rouge pâle et bleu sous couverte. Ancienne fabrication persane. — Diam., 17 cent.

52 — Asie Mineure. Tasse caliciforme posant sur soucoupe à

pied creux élevé, décorée de fleurettes et de rinceaux en tons polychromes sous couverte. Ancienne fabrication de Kutahia. — Haut., 95 cent.

FAIENCES ÉMAILLÉES

STANNIFÈRES

53 — NEVERS. Grand plat décoré au centre d'un paysage montueux rempli de cavaliers et de lions rappelant les compositions de Tempesta ; bordure ornée de huit médaillons oblongs représentant des paysages animés alternés de personnages ; le tout peint en bleu sur émail blanc. Nevers primitif du temps des Conrade. Milieu du XVIIe siècle. — Diam., 48 cent.

54 — NEVERS. Grand plat richement décoré de personnages et d'un carrosse attelé, arrêté devant un château. Bordure garnie de quatre médaillons dont deux à paysages et deux autres à oiseaux, alternés de feuillages ; peinture en bleu sur fond blanc bleu. Fin du XVIIe siècle. — Diam., 52 cent.

55 — NEVERS. Plat décoré au centre d'un paysage représentant deux femmes et un animal chimérique, bordure ornée de personnages, oiseaux et feuillages ; en bleu sur émail blanc bleui. XVIIIe siècle. — Diam., 35 cent.

56 — NEVERS. Jardinière ovale à deux anses tortillées, décorée sur chaque face d'un cartel de personnages chinois peints en bleu intense et violet ; le champ est orné de rinceaux en violet. XVIIe siècle. — Long., 48 cent.

57 — Nevers. Cornet de forme octogonale, décoré de personnages et de paysages chinois, peints en bleu et violet avec ceinture de rosaces bleues. Ancien Nevers. XVIIe siècle. — Haut., 49 cent.

58 — Nevers. Petit vase cachepot à deux anses tortillées, décoré de personnages chinois peints en bleu serti de violet. Ancien Nevers. XVIIe siècle. — Haut., 15 cent.

59 — Nevers. Vase-biberon à anses supérieure et latérale, avec tubulure à verser, décoré de fleurs en jaune, de feuillages et de rinceaux en vert dominant, peints sur émail blanc ; décor assez rare. Fabrication nivernaise du XVIIe siècle. — Haut., 19 cent.

60 — Oiron. Grand carreau décoré d'un paysage représentant un loup arrêté devant un château ; fabriqué à Oiron par des ouvriers venus de Nevers en 1704. — Diam., 23 cent.

FAIENCES DE ROUEN

DÉCORS BLEUS

61 — Rouen. Grand vase cylindro-conique, garni de têtes surmontées d'anses tortillées formant poignées ; décoré de quatre zones d'ornements courants, de rosaces et de lambrequins, peints en bleu sur blanc bleui. (Ornements empruntés pour la plupart aux décorations chinoises.) Superbe pièce qu'on peut attribuer aux Poterat. XVIIe siècle. — Haut., 45 cent.

62 — Rouen. Broc à cidre de forme assez ventrue, portant cette inscription peinte en violet sur la face : Elisabet.

de Rambure. 1700, avec encadrement de feuillages en bleu. — Haut., 26 cent.

63 — Rouen. Fontaine d'applique à cinq pans, richement décorée d'ornements et de lambrequins en bleu plein et à réserves sur fond blanc bleui ; le dosseret est peint en bleu sur relief fleurdelisé. xviiie siècle. — Haut., 52 cent.

64 — Rouen ou Saint-Cloud. Pot à eau avec anse et couvercle, décoré de lambrequins et ornements à réserves en bleu cernés de brun, peints sur faïence d'un blanc bleui ; ancienne monture en étain. xviiie siècle. — Haut., 22 cent.

65 — Rouen. Plat à décor rayonnant ; rosace et bordure de fleurons et de rinceaux en réserve, peints en bleu sur fond blanc bleui. xviiie siècle. — Diam., 42 cent.

66 — Rouen. Plateau monté sur pied, bordure quadrillée avec alternance de rosaces ; au centre, une corbeille ornementale ; peinture en bleu sur fond blanc bleui. xviiie siècle. — Diam., 32 cent.

67 — Rouen. Plat oblong à bord contourné, décoré d'une bordure de quadrillés et de rinceaux, et, au centre, d'une corbeille de fleurs ; peinture bleue sur blanc bleui. — Diam., 30 cent.

DÉCORS BLEUS ET ROUGES

68 — Rouen. Sucrière en forme de vase décoré d'une fine ornementation en bleu et rouge sur fond blanc bleui. xviiie siècle. — Haut., 22 cent.

69 — Rouen. Plateau oblong dit bannette à deux anses, décoré

au bord de lambrequins à réserves et au centre d'une corbeille en bleu et rouge. XVIIIe siècle. — Long., 42 cent.

70 — Rouen. Aiguière en forme de casque, sur pied, décorée de lambrequins, fleurons et rinceaux en bleu et rouge. XVIIIe siècle. — Haut., 20 cent.

71 — Rouen. Saucière ovale décorée d'une bordure de rinceaux et de fleurons et au centre d'une corbeille de fleurs, peinture en bleu rehaussé de rouge. XVIIIe siècle. — Diam., 22 cent.

72 — Rouen. Vase sphérique ouvert, sans pied, décoré de lambrequins et de quadrillés en bleu rehaussé de rouge sur émail blanc teinté. XVIIIe siècle. — Haut., 16 cent.

DÉCOR NIELLÉ SUR JAUNE BRUN

73 — Rouen. Très beau vase à saupoudrer le sucre, avec couvercle ajouré, se vissant, décoré de rinceaux, fleurons et quadrillés en bleu alterné de rouge avec cinq zones en jaune brun ornées de nielles en bleu noir. Apogée de la fabrication rouennaise. XVIIIe siècle. — Haut., 23 cent.

DÉCORS POLYCHROMES

74 — Rouen. Beau vase à saupoudrer le sucre, à pied élancé avec couvercle ajouré se vissant, décoré de personnages assis, d'animaux et d'ornements; tons jaunes éclatants, bleus et rouges. XVIIIe siècle. — Haut., 24 cent.

75 — Rouen. Deux petites consoles formées d'un culot de

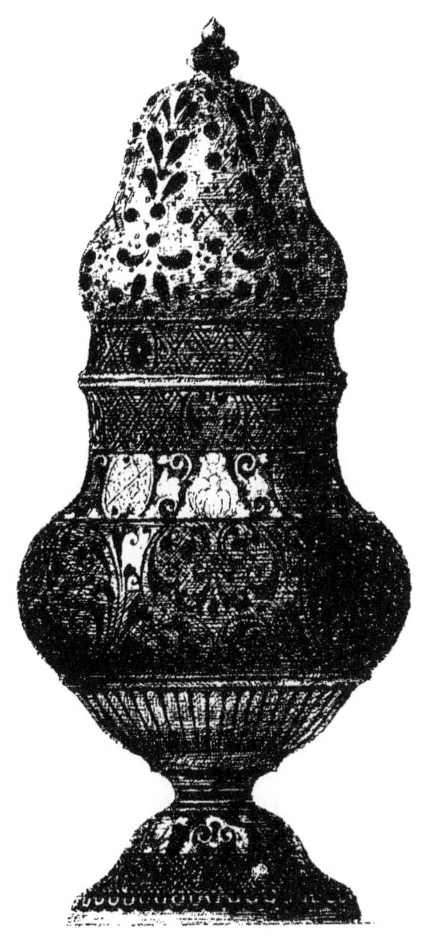

N° 73.

feuillages supportant une plate-forme et se terminant par un mascaron à longue barbe; ornementation jaune et bleue relevée de rouge. Assez rares spécimens de la fabrication rouennaise au xviiie siècle. — Haut., 15 cent.

76 — Rouen. Coupe quadrangulaire à angles rentrants, richement décorée intérieurement et extérieurement d'une bordure de rinceaux et de fleurons d'où tombent des draperies et des guirlandes de fleurs et de fruits; corbeille de fleurs au centre. Peinture polychrome d'un beau style. xviiie siècle. — Diam., 23 cent.

77 — Rouen. Grande assiette lobée, décorée sur son large marli d'une riche ornementation de rinceaux, de guirlandes de fleurs et de quadrillés, et au centre d'une corbeille de fleurs; tons polychromes. xviiie siècle. — Diam., 25 cent.

78 — Rouen. Assiette lobée, décorée sur le marli de six motifs de fleurettes et de papillons encadrés d'un quadrillé; au centre, un pavillon chinois; peinture polychrome; au revers, la marque bleue de Guillebaud. xviiie siècle. — Diam., 26 cent.

79 — Rouen. Fontaine d'applique, munie de son couvercle, décorée de lambrequins, de rinceaux et de rayons. Peinture polychrome. xviiie siècle. — Haut., 45 cent.

80 — Rouen. Assiette richement décorée de branches de fleurs, d'oiseaux fantastiques et de papillons, tons polychromes. xviiie siècle. — Diam., 25 cent.

81 — Rouen. Porte-burettes de forme contournée, avec mascarons, largement décoré de branchages de fleurs,

d'insectes et d'oiseaux, tons polychromes. XVIIIᵉ siècle. — Long., 31 cent.

82 — ROUEN. Broc à cidre peint, d'une belle ornementation polychrome composée de cornes d'abondance d'où partent des branches de fleurs, et de rinceaux encadrant une sainte Madeleine peinte en bleu, occupée à sa toilette; sous l'anse on lit : MADELÈNE COTTAIS, 1746. — Haut., 32 cent.

83 — ROUEN. Plateau à bord lobé de forme octogonale, richement décoré sur le marli de rinceaux, de rosaces et de quadrillés, et au centre d'un trophée de carquois, oiseaux et fleurettes, tons polychromes. XVIIIᵉ siècle. — Diam., 19 cent.

84 — ROUEN. Broc à cidre décoré de lambrequins et de quadrillés en bleu, rouge et jaune. XVIIIᵉ siècle. — Haut., 25 cent.

85 — ROUEN. Plateau-bannette à anses dauphins, décoré de cornes d'abondance tronquées, de fleurs et de papillons; peinture polychrome. XVIIIᵉ siècle. — Long., 46 cent.

86 — ROUEN. Broc à cidre, décoré d'une riche ornementation rocaille, encadrant un paysage où se voit un saint François agenouillé et adorant la Croix ; sous l'anse on lit : FRANÇOIS GILOTIN, 1783. — Haut., 25 cent.

87 — ROUEN. Assiette décorée d'une grande corne d'abondance d'où partent des branchages et des rinceaux fleuris; peinture polychrome. XVIIIᵉ siècle. — Diam., 225 millim.

88 — ROUEN. Pot à eau rond couvert, avec sa cuvette oblon-

gue à huit pans, décorés l'un et l'autre de cornes d'abondance, fleurs, fruits, oiseaux, etc.; peinture polychrome. XVIIIe siècle. — Hauteur du pot, 23 cent., diamètre de la cuvette, 30 cent.

89 — ROUEN. Saucière ovale lobée, décorée d'une corne d'abondance d'où partent des fleurs et des fruits; peinture polychrome. XVIIIe siècle. — Long., 20 cent.

DÉCOR D'ÉMAIL SUR FOND BLEU-VIOLET

90 — ROUEN. Pot à eau muni d'une anse, émaillé en bleu-violet, décoré de fleurettes et de zones quadrillées en émail blanc rehaussé de rouge, de jaune et de vert. XVIIIe siècle. Faïence assez rare. — Haut., 22 cent.

---

91 — ROUEN. Deux vases hexagonaux à col renflé, en faïence blanche destinée à être laquée d'ornements en pâte dorée. XVIIIe siècle. — Haut., 20 cent.

---

92 — LILLE. Assiette très plate, décorée au centre d'une rosace rayonnante formés de caissons et de rayons, et en bordure de rinceaux et de feuillages en bleu à réserves; marque au revers : $\frac{3}{DO}$ fabrique de Dorez (?).
— Diam., 22 cent.

93 — LILLE. Fontaine d'applique ornée de rinceaux en bleu à réserve et de guirlandes en bleu plein, pièce munie de sa cannelle en cuivre. XVIIIe siècle. — Haut., 40 cent.

94 — Lille (?) Petit vase cylindrique à col étranglé, décoré de fleurs modelées et de lambrequins en bleu sur émail blanc bleui. xviiie siècle. — Haut., 19 cent.

95 — Saint-Cloud. Cuvette ou jardinière ovale munie de deux anses, décorée extérieurement et intérieurement de larges rinceaux de fleurs en bleu cerné de brun sur émail blanc. xviie siècle. — Long., 32 cent.

96 — École de Saint-Cloud. Petit vase à lait muni de deux anses et d'un biberon orné de petits lambrequins et de fleurons en bleu avec ces inscriptions en brun sur une face : *Nanette va cris du lait* 1720, et sur l'autre : *Marc Antoine Gard* 1720. — Haut., 11 cent.

97 — Saint-Cloud. Vase cachepot ou seau à bouteilles muni de deux oreillons et orné de caissons et de rinceaux à réserves. Dans un petit cartouche se lisent les lettres C. H. surmontées de la couronne royale, abréviations du mot Choisy-le-Roi, ancienne résidence de Louis XV. xviiie siècle. — Haut., 18 cent.

98 — Saint-Cloud. Deux assiettes à bords guillochés en faïence émaillée en blanc teinté, ornées seulement l'une des lettres C.H., abréviation de Choisy-le-Roi, dans un cartouche entouré de palmes surmonté de la couronne royale; l'autre de trois couronnes royales opposées. xviiie siècle. — Diam., 25 cent.

99 — Sinceny. Écritoire à dosseret orné de fleurettes en relief avec godets mobiles et tiroirs; décoration polychrome. xviiie siècle. — Long., 26 cent.

100 — Sinceny (?). Saladier décoré de fleurs carminées avec feuillages verts, à feu de réverbère. École alsacienne. xviiie siècle. — Diam., 22 cent.

101 — Poitiers. Assiette à bord ondulé, décorée sur le marli d'une bordure de fleurs et de feuillages largement ponctués et au centre de deux écussons accolés aux armes de Pezot, receveur des tailles aux Sables d'Olonne, et de N. Savary, sa femme. Vers 1787. — Diam., 25 cent.

102 — Moulins. Petit vase sphérique décoré d'une ornementation courante de caissons et de rinceaux en bleu intense sur faïence blanche. (Rare.) Pièce achetée à Moulins, analogue à des objets des fabriques de cette localité, conservés au Musée de Moulins. — Haut., 10 cent.

103 — Clermont-Ferrand. Assiette ornée d'une bordure d'arabesques filigranées et ponctuées. École de Moustiers. Pièce achetée à Clermont et paraissant bien appartenir à la fabrique de cette localité. xviiie siècle. (Rare.) — Diam., 23 cent.

104 — Montpellier. Porte-huilier richement décoré de paysages, fleurs et fruits, en tons polychromes sur émail blanc. Pièce achetée à Moulins et dont le décor a été copié sur un plat marqué : *Moulins*, conservé au musée de Sèvres. xviiie siècle. — Diam., 23 cent.

105 — Marseille. Soupière de forme côtelée, munie de son couvercle, décorée sur légers reliefs de branches de fleurs en tons polychromes très doux. Le bouton figure des légumes ; peinture à feu de réverbère. xviiie siècle. — Haut., 24 cent.

106 — Moustiers. Plat oblong à bord contourné en faïence blanche, décoré seulement sur le marli, d'un écusson couronné avec le chiffre enlacé EBP en bleu. xviiie siècle. — Diam., 33 cent.

107 — Moustiers. Pot à eau couvert avec sa cuvette, décorés de petits personnages et d'oiseaux à la manière chinoise. Monture en étain. Sous le pot à eau on lit : *Ferrat à Moustiers.* xviiie siècle. — Hauteur du pot, 25 cent.; diamètre de la cuvette, 34 cent. Cette pièce est peut-être celle que cite Jacquemart : *Histoire de la céramique*, page 489.

108 — Sceaux-Penthièvre. Assiette décorée au centre d'un œillet peint en bleu d'émail, bordure en bleu déchiré de même. xviiie siècle. — Diam., 25 cent.

109 — Saint-Amand-les-Eaux. Assiette décorée de fleurs et d'ornements en violet et bleu; le marli orné d'un décor de dentelle en émail blanc sur émail blanc bleui. xviiie siècle. — Diam., 25 cent.

110 — Saint-Amand-les-Eaux. — Assiette à bord lobé décorée d'ornements en blanc sur blanc bleui, alterné de motifs en tons violâtres. xviiie siècle. — Diam., 23 cent.

111 — L'Italienne, près Beauvais. Vase de pharmacie couvert, de forme cylindrique, décoré d'un joli cartouche rocaille quadrangulaire, en bleu, encadrant cette inscription : P. DE BELLOSTE. Fin du xviiie siècle. — Haut., 15 cent.

112 — Strasbourg. Plat rond décoré de trois groupes de fleurs carminées et bleues, peinture à feu de réverbère; marqué au revers JH. Fabrique de Joseph Hannong. xviiie siècle.

113 — Lorraine (?). Coupe ovale à bord festonné, décorée de tulipes et d'œillets en tons carminés, bord déchiré de

carmin; peinture à feu de réverbère. XVIIIe siècle. — Long., 30 cent.

114 — LORRAINE (?). Deux plateaux en forme de coquilles, ornés et bordés de jaune et de carmin. XVIIIe siècle. — Diam., 22 cent.

115 — SAINT-CLÉMENT. Deux assiettes lobées en faïence blanche ornées seulement de quelques rehauts d'or. XVIIIe siècle. — Diam., 22 cent.

116 — LUNÉVILLE. Deux assiettes à bords lobés, ornées d'une simple couronne de feuillage en rouge et vert encadrant les inscriptions suivantes en noir : sur l'une : *A la ville au village, venez rendre hommage.* Sur l'autre : *Coûte qui coûte il faut que j'en goûte.* Commencement du XIXe siècle. — Diam., 23 cent.

117 — NIEDERVILLER. Petite jardinière carrée à bord festonné, décorée de fleurettes pourprées et de feuillages verts. Feu de moufle. Marque ƆC du comte de Custine. XVIIIe siècle. — Diam., 10 cent.

HOLLANDE

118 — DELFT. Petit vase à fleurs de forme allongée quadrangulaire, décoré de personnages, ornements et fleurs en bleu sur émail blanc. Marque $\frac{\text{I G}}{20}$. Fabrique de J. Groen (?). XVIIe siècle. — Haut., 20 cent.

119 — DELFT. Coupe ou assiette creuse décorée de fleurs, oiseaux et ornements peints en bleu vif sur émail blanc. XVIIe siècle. — Diam., 22 cent.

120 — Delft. Plat richement orné d'un encadrement quadrangulaire ondulé accompagné de quatre cartouches aux angles, remplis de fleurs et d'ornements, peinture polychrome. Sujet dit *au tonnerre*. Marque au revers. Fabrique à l'enseigne du Paon. Vers 1651. — Diam., 30 cent.

121 — Delft. — Petit plat richement orné d'un encadrement triangulaire ondulé, accompagné de trois médaillons aux angles remplis de fleurs et d'ornements; peinture polychrome; variété du décor dit *au tonnerre* Marque au revers de la fabrique estimée : A l'enseigne du paon. 1651. — Diam., 26 cent.

122 — Delft (?) Assiette décorée au centre d'une Crucifixion. Le Christ est étendu sur la croix entre la Vierge et saint Jean. Marli orné de huit motifs de fleurettes et attributs alternés de fleurs; décoration polychrome où le rouge et le vert dominent; manière des émailleurs sur métal. xviie siècle. — Diam., 22 cent.

ITALIE

123 — Pesaro. Plat en demi-majolique, décoré au centre d'amours jouant dans un paysage, et sur le marli de trophées d'armures; peinture polychrome. Revers en terre vernissée. xve siècle. — Diam., 40 cent.

124 — Naples. Plat décoré d'un couple humain et d'un amour dans un paysage; scène champêtre; peinture polychrome sur émail blanc teinté. Marque : Au phare. xviie siècle. — Diam.. 26 cent.

ESPAGNE

125 — Malaga (?). Plat à ombilic décoré au centre d'un bou-

quet de fleurs et sur le marli de rayons en lustre jaune cuivreux relevé de bleu; pièce hispano-moresque. XVe siècle. — Diam., 40 cent.

126 — MANISÈS. Plat très richement décoré intérieurement d'un animal fantastique au milieu d'ornements, revers analogue; le tout en lustre rouge cuivreux. XVIe siècle. — Diam., 30 cent.

127 — MANISÈS. Vase sphérique muni de quatre petites anses, décoré d'une ornementation libre en rouge cuivreux. Marque S sous le pied. XVe siècle. — Haut., 15 cent.

128 — ALCORA ou DENIA. Petit vase cylindro-ovoïde, décoré d'une frise de personnages, fleurs et oiseaux en tons polychromes sur émail blanc XVIIIe siècle. Genre importé à Moustiers. — Haut., 8 cent.

GRÈS-CÉRAMES

129 — BEAUVAIS. Vase à double biberon garni de trois anses dont une supérieure; pièce tournée dont l'émail bleu s'est accumulé dans les rayures du tournage; fabrication présumée du Beauvaisis. XVIe siècle. — Haut., 22 cent.

130 — BEAUVAIS. Cage à jour avec toit, appendices et oiseaux modelés en grès gris émaillé en bleu; fabrication présumée du Beauvaisis ou du Nivernais. XVIe ou XVIIe siècle. — Haut., 30 cent.

131 — ALLEMAGNE. Petite bouteille à anse, ornée sur le col d'un mascaron barbu et d'un écusson figurant un lion

passant avec cette inscription en tête du cartouche : 1595 GATTVS. Grès salé brun roussâtre, avec son ancienne monture en étain. XVIe siècle. — Haut., 15 cent.

132 — ALLEMAGNE. Grande bouteille à anse ornée sur le col par application d'un mascaron barbu et sur la panse de trois écussons ; grès salé brun roussâtre. XVIe siècle. — Haut., 43 cent.

133 — CHINE. Animal chimérique ou sorte de chien de Fô accroupi, modelé en ronde bosse et émaillé de tons gris bleuâtres rosés et bruns. Monté sur un socle spécialement sculpté et percé à jour en bois de fer. Ancienne fabrication chinoise. — Haut. totale, 17 cent.

134 — CHINE. Figurine de prêtre assis lisant ; chairs réservées en gris brunâtre, vêtements émaillés en brun. — Haut., 11 cent.

135 — CHINE. Deux oiseaux modelés en ronde bosse, perchés sur des rochers à jour, émaillés l'un en jaunâtre avec rocher brun, l'autre en gris bleuâtre avec rocher jaune. — Haut., 21 cent.

136 — CHINE. Vase méplat en forme de poisson double en grès gris, écailles gravées et émaillées en blanc, les têtes et nageoires en émail brun. Ancienne fabrication chinoise. — Haut., 305 milim.

137 — JAPON. Vase piriforme à col allongé décoré de fleurs lancéolées en émaux verts et bleus sur un fond rosacé rouge ; travail fort ancien de Kioto. — Haut., 31 cent.

138 — JAPON OU CHINE. Vase d'applique méplat figurant un

personnage riant et des enfants, pâte rouge à couverte mince. — Haut., 14 cent.

139 — Japon. Vase ovoïde en grès gris émaillé, orné de feuillages en noir et sur lequel courent des écrevisses modelées en reliefs. Monté sur un socle rocheux de même matière. — Hauteur totale, 43 cent.

140 — Japon. Oiseau perché sur un rocher émaillé en rouge de cuivre au grand feu. — Haut., 16 cent.

PORCELAINES

PORCELAINES DURES ORIENTALES

141 — Thibet (?). Vase piriforme décoré d'ornements floraux et de pendeloques, d'un style particulier, en émaux bleus verts, jaunes et violets, rehaussés de rouge de fer. Fabrication thibétaine ou d'Indo-Chine. — Haut., 28 cent.

142 — Chine. Coupe ou bol en porcelaine blanche décorée de cavaliers chassant et de divers attributs ; peinture en bleu sous couverte ; marque sous le pied de la période Tching-Hoa, dynastie des Ming. 1465-1487. — Diam., 155 millim. (Collection Riocreux.)

143 — Chine. Vase cornet côtelé, décoré de paysages montagneux en bleu sous couverte, ancienne fabrication chinoise. — Haut., 25 cent.

144 — Chine. Deux salières posant sur trois petits pieds, décorées de caissons de fleurs et de feuillages en bleu sous couverte. — Haut., 7 cent. (Collection Riocreux.)

145 — Chine. Douze assiettes décorées d'un bouquet de fleurs au centre et de bordures d'ornements enlacés et dentelés ; travail manuel très fin en bleu sous couverte au grand feu. xviiie siècle. — Diam., 22 cent.

146 — Chine. Deux petites coupes ouvertes, décorées de bordures d'ornements encadrant six médaillons à paysages dont les intervalles sont découpés à jour. Ancien travail chinois. (Collection Riocreux.) — Diam., 11 cent.

147 — Chine. Vase ovoïde en porcelaine grise, décoré sur deux faces d'un dragon à quatre griffes et d'attributs en pâte blanche rapportée. Un des plus anciens spécimens de ce procédé, marque gravée sous le pied. Période Tching-Hoa, dynastie des Ming. 1465-1487. (Rare.) — Haut., 22 cent.

148 — Chine. Petit vase couvert, décoré de caissons et de fleurs en bleu au grand feu, et de fleurettes en rouge de fer, relevées d'or. Ancienne fabrication chinoise. — Haut , 13 cent.

149 — Chine. Tasse à anse en porcelaine grise décorée de fleurs et de rinceaux, en émail blanc peint et gravé, avec bordure dorée. Ancien travail chinois. — Haut., 8 cent. (Collection Riocreux.)

150 — Chine. Coupe creuse décorée au centre d'une ornementation fleurie sur quadrillés, entourée de bordures, d'ornements et de fleurs d'un grand effet; peinture polychrome en émaux très puissants: famille verte. Ancienne fabrication chinoise très estimée. — Diam., 33 cent.

151 — Chine. Petite tasse décorée intérieurement de légers

reliefs en pâte rapportée, extérieurement en couverte bleue unie; marque peinte en bleu sous le pied. — Diam., 10 cent.

152 — CHINE. Tasse à anse en bleu clair de grand feu, ornementation en or léger, XVIIIe siècle. — Haut., 8 cent.

153 — CHINE. Bouteille avec renflement au col entièrement gravée d'ornements; couverte céladon jaunâtre; très-ancienne fabrication chinoise. — Haut., 28 cent.

154 — CHINE. Petit vase ovoïde allongé, couvert d'émaux verts et bleus jaspés. Ancienne fabrication chinoise. — Haut., 12 cent.

155 — CHINE. Grand plat décoré au centre des armoiries du duc de Penthièvre, grand amiral de France, et sur le marli de bouquets de fleurs; peinture en rouge et or avec émaux polychromes. Fabrication chinoise. XVIIIe siècle. Doit provenir du château de Rambouillet. — Diam., 48 cent.

156 — CHINE. Fontaine d'applique, de forme rouennaise, décorée de fleurs et oiseaux avec quadrillés en peinture et émaux polychromes. XVIIIe siècle. Partie du robinet en cuivre doré existe. — Haut., 40 cent.

157 — CHINE. Petite tasse décorée d'une Crucifixion en peinture et émaux polychromes. Travail chinois d'après un dessin européen. XVIIIe siècle. — Diam., 8 millim.

158 — CHINE. Deux assiettes décorées, l'une d'un bouquet bleu au centre avec une fine bordure de bleu étoilé d'or; l'autre d'un cartouche accroché portant le

chiffre : J. G. K., avec son marli, ouvragé en bleu et or. Porcelaine chinoise sur commande européenne. XVIIIe siècle. — Diam., 16 cent. (Collection Riocreux.)

159 — JAPON. Coq chantant modelé en ronde bosse, en porcelaine blanche. — Haut., 20 cent.

PORCELAINES DURES

EUROPÉENNES

160 — SAXE. Deux coupes décorées d'une ornementation de fleurs et de quadrillés découpés à jour; gracieux dessin. Porcelaine restée blanche, marque de Saxe peinte en bleu au revers. XVIIIe siècle. — Diam., 21 cent.

161 — ARNSTADT EN GOTHA. Tasse et soucoupe décorées d'une chasse au sanglier peinte en grisaille (feu de moufle), marque de la fabrique : X. XVIIIe siècle. — Haut., 65 millim. (Collection Riocreux.)

162 — FURSTENBERG EN BRUNSWICK. Plaquette rectangulaire peinte d'une gerbe de fleurs remplissant une corbeille à jours sur une table en tons polychromes. Signature de l'artiste au revers : *Fecit Johann Friedrich Börger, Furstenberg 22 décembr 1767*. — Dimensions, 15 cent. sur 10 cent.

163 — FURSTEMBERG EN BRUNSWICK. Plaquette rectangulaire peinte d'un groupe de fleurs sur une table en tons polychromes; signature de l'artiste au revers : *W. C. Rath, Furstemberg 20 f. jan. 1768. fecit.* — Dimensions, 145 millim. sur 9 cent.

164 — FRANCE. Fabrique indéterminée. Petit baquet à bord tronqué décoré de fleurs en bleu pâle sous couverte; marqué d'une fleur de lis en bleu sous le fond; un des essais de porcelaine dure en France. XVIIIe siècle. — Diam., 11 cent.

165 — NIDERVILLER. Saucière oblongue à anses ornemanisées d'un gracieux modèle, ornée de bleuets barbots en peinture, bords et ornements relevés d'émail bleu; marque sous le pied : DC. Fabrication du comte de Custine. XVIIIe siècle. — Long., 24 cent.

166 — Même fabrique. Assiette lobée, décorée de bluets barbots détachés, en émaux bleus et verts, marque au revers : DC du comte de Custine. Fin du XVIIIe siècle. — Diam., 25 cent.

167 — PARIS. Pot à sucre couvert à anse, décoré sur fond brun et or d'un paysage dans un cartel. Fabrication parisienne. Fin du XVIIIe siècle. — Haut., 35 cent.

168 — SÈVRES. Plat décoré d'un sujet de figures représentant Borée enlevant Orythie; peinture en camaïeu brunâtre au grand feu, par Lessore. Fabrication de Sèvres. 1854. — Diam., 40 cent.

169 — SÈVRES. Petit vase décoré de chimères et de satyres en bleu, jaune et brun au grand feu, par Hyacinthe Régnier. Fabrication de Sèvres. 1855. — Haut., 145 millim.

170 — SÈVRES. Soucoupe décorée d'un amour assis dans un paysage, peinture polychrome dans la gamme chaude de quelques faïences italiennes par Lessore. Fabrication de Sèvres. 1854. — Diam., 13 cent.

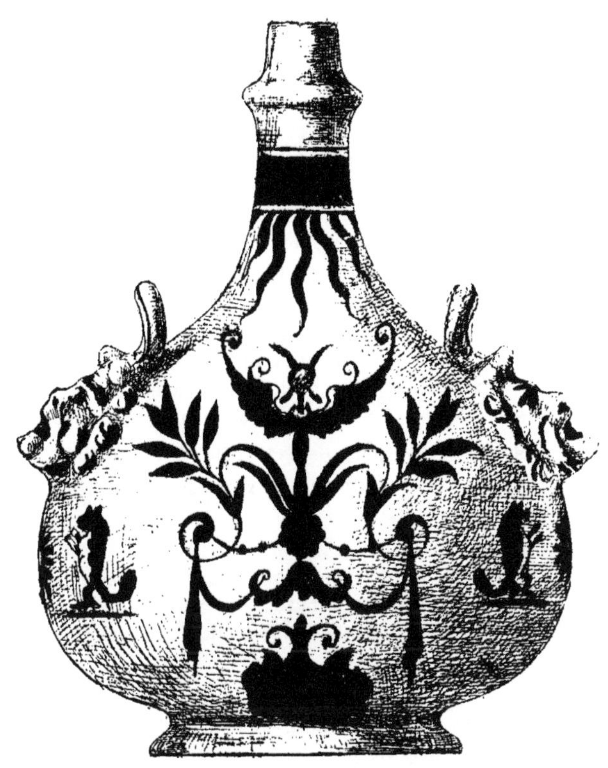

N° 171.

PORCELAINES TENDRES

171 — Florence. Fiasque ovale garnie de mascarons, décorée sur chaque face d'une chimère ailée accompagnée de rinceaux et de feuillages ; sur les côtés une fleur de tournesol entre deux renards assis ; au col des rayons ; peinture en bleu sous couverte. Absence de marque. Sort des ateliers du duc François de Médicis à Florence. Fin du XVIe siècle. — Haut., 195 millim. — V. Davillier : *les Origines de la porcelaine en Europe*, in-4°, 1882, page 102.

172 — Saint-Cloud. Deux vases cachepots ou seaux à rafraîchir, garnis de mascarons grimaçants et ornés de fleurs modelées en bas-relief et de godrons dans le genre chinois ; porcelaine d'un blanc jaunâtre marquée sous le pied dans la pâte $\overset{t}{S}C$ / T. Fabrique de Trou. Commencement du XVIIIe siècle. — Haut., 19 cent.

173 — Saint-Cloud. Soucoupe godronnée avec cavité au centre décorée sur le bord d'ornements arabesques en bleu sous couverte. Fabrique de Trou. XVIIIe siècle. — Diam., 13 cent.

174 — Chantilly. Plateau oblong lobé, décoré sur la pâte crue de bouquets de fleurs détachés en bleu, deux cercles indiquant la place de deux petits vases ; marque sous le pied en bleu. Cette pièce cuite en biscuit révèle un état de fabrication avant vernissage. Chantilly. XVIIIe siècle. — Long., 27 cent.

175 — Alsace (?). Groupe de quatre musiciens dont un domi-

nant au centre ; socle entouré de feuillages, groupe de sculpture ronde bosse en pâte de biscuit bise. XVIIIe siècle. — Haut., 25 cent.

176 — VINCENNES. Grande tasse cylindrique non garnie, décorée de roses semées en tons carminés, peinte au naturel et sur défectuosités de fabrication ; marque en bleu. Vincennes. XVIIIe siècle ; pièce d'origine. — Haut., 10 cent.

177 — VINCENNES. Théière garnie d'un bec et d'une anse ornemanisés genre Saxe et décorée sur chaque face d'un bouquet de fleurs en tons polychromes délicats ; dorure ; marque en bleu. Vincennes. XVIIIe siècle. — Haut., 95 millim.

178 — VINCENNES. Petite théière garnie, décorée de roses semées peintes au naturel ; absence de marque. Vincennes. XVIIIe siècle. — Haut., 10 cent.

179 — VINCENNES. Deux tasses garnies et deux soucoupes de formes côtelées, en blanc de porcelaine, sans décoration. Vincennes. XVIIIe siècle. — Haut., 7 cent.

180 — SÈVRES. Salière ovale guillochée et finement retouchée en beau blanc de porcelaine. XVIIIe siècle. — Long., 85 millim.

181 — SÈVRES. Pot à crème à bord découpé, garni d'une anse et de trois pieds, racines et branchages avec fleurettes modelées en bas-relief relevés de dorure ; sur la panse, quelques bouquets de fleurs peints en émail bleu ; marques en bleu. Sèvres. 1757. — Haut., 10 cent.

182 — MENNECY-VILLEROY. Petit pot cylindrique à parfums, couvert, décoré de fleurettes peintes en émail bleu ;

Marque gravée dans la pâte : D. V. XVIIIᵉ siècle. — Haut., 8 cent.

183 — Indéterminé. Petit pot cylindrique à parfums, orné de quelques fleurettes peintes en bleu ; marque en bleu : n. f. / I — Haut., 5 cent.

184 — Tournay. Assiette gaufrée à bord lobé, décorée de bouquets de fleurs peints en bleu ; marque au revers en bleu. — Ancienne fabrication de Tournay. XVIIIᵉ siècle. — Diam., 25 cent.

185 — Tournay. Petite tasse à bordure en fond bleu avec médaillons réservés, peints d'un oiseau et d'insectes en émaux polychromes, rinceaux en dorure ; sous le pied, inscription : mésange bleue. XVIIIᵉ siècle. — Haut., 6 cent.

186 — Saint-Amand-les-Eaux. Assiette gaufrée à bord lobé, modèle de Sèvres ; spécimen du blanc de porcelaine de cette manufacture aujourd'hui éteinte. — Diam., 25 cent.

187 — Venise. Petite tasse à thé décorée de personnages, paysage et insectes dans le goût chinois, peinture en émaux polychromes ; marque à l'ancre en rouge sous le pied. Fabrication vénitienne. XVIIIᵉ siècle. — Haut., 4 cent.

FAUSSE PORCELAINE

188 — France. Tasse et soucoupe en matière vitrifiée blanche en vue d'imiter la porcelaine. — Hauteur totale, 8 cent. (Collection Riocreux.)

ANCIENNES VERRERIES FRANÇAISES

189 — FRANCE. Cave à liqueurs composée d'un plateau sur pied élevé, d'un vase à quatre anses avec emboîtement et de six verres à pied. Des anciennes verreries de la Normandie. XVIIe siècle. — Hauteur totale, 27 cent.

190 — FRANCE. Porte-bouquet en verre bleuâtre à six tubulures. XVIIIe siècle. — Haut., 17 cent.

191 — FRANCE. Petit porte-burettes à une anse avec deux burettes. XVIIIe siècle. — Haut., 13 cent.

192 — FRANCE. Porte-huilier à godets et anses; verre blanc. — Diam., 17 cent.

193 — FRANCE. Coupe côtelée en verre blanc; verrerie normande. XVIIIe siècle. — Diam., 15 cent.

194 — FRANCE. Flacon coquille en verre blanc. Fabrique du Landel. XVIIIe siècle. — Haut., 27 cent.

195 — FRANCE. Guedoufle en verre blanc. Fabrique du Landel. XVIIIe ou XIXe siècle. — Haut., 31 cent.

196 — FRANCE. Verre à boire en opale décoré de fleurs et d'oiseaux en émaux polychromes avec cette inscription : *Monsieur je bois à votre santé. 1727.* — Haut., 8 cent.

ANCIENS ÉTAINS FRANÇAIS

197 — Écuelle à oreilles avec son couvercle; ornementation gravée. — Diam., 31 cent.

198 — Un plat à bord lobé. — Diam., 31 cent.

199 — Quatre assiettes à bord lobé. — Diam., 24 cent.

200 — Mesure ou chope à anse. — Haut., 13 cent.

SUPPLÉMENT

OBJETS APPARTENANT A DIVERS

FAIENCES DE ROUEN

201 — Belle bannette oblongue à pans et à deux anses, décor polychrome de style chinois; vases de fleurs, brûle-parfums, et attributs divers.

202 — Jolie assiette à décor bleu et rouille. Au centre, corbeille de fleurs sur des rinceaux ornés de draperies: au marli et à la chute, quadrillages, palmettes et festons de fleurs. Belle qualité.

203 — Autre jolie assiette à décor bleu et rouille composé de lambrequins, rinceaux et palmettes au marli, et offrant au centre une corbeille de fruits et de fleurs.

204 — Belle bannette oblongue à contours et à deux anses formées de dauphins en ancienne faïence de Rouen, décor polychrome au cornet tronqué, oiseaux, insectes et haies. Belle qualité.

205 — Deux compotiers ronds à bords dentelés, en ancienne faïence de Rouen, décor bleu à rosace centrale et couronne de lambrequins ornés.

FAIENCES DE MOUSTIERS

206 — Jolie sucrière en forme de vase en ancienne faïence de Moustiers, décor bleu dans le goût de Berain.

207 — Dessus de boîte à poudre de forme ronde, à décor polychrome, au centre, sujet mythologique et rinceaux au bord. Cadre en bois noir.

208 — Plat oblong et à contours en ancienne faïence de Moustiers, décor polychrome. Au fond, arbustes, ornements rocaille et buste de faune couronné de pampres et figurant l'Automne. Au marli, ornements. feuillages et insectes.

209 — Plat semblable à celui qui précède; le buste qui décore celui-ci figure l'Hiver.

FAIENCES DIVERSES

210 — Porte-huilier modèle bateau à quatre pieds bas et à ornements découpés à jour, en faïence de Lorraine, polychrome.

211 — Porte-huilier de forme oblongue à deux anses, animaux chimériques en faïence blanche à ornements guillochés au pourtour.

FAIENCES DE DELFT

212 — Belle assiette en ancienne faïence de Delft, à décor en bleu, rouge, noir et or, portant le chiffre et l'aigle du grand Frédéric. Collection du docteur Mandl.

213 — Assiette à décor en bleu, rouge et or, à lambrequins au bord et large écusson armorié au centre. Collection du docteur Mandl.

214 — Pot à eau en ancienne faïence de Delft, décor polychrome à fleurs, armoiries et chiffre couronné. Belle qualité. Collection du docteur Mandl.

215 — Deux petits plats ronds en ancienne faïence de Delft, décor polychrome à fleurs, haies et ornements.

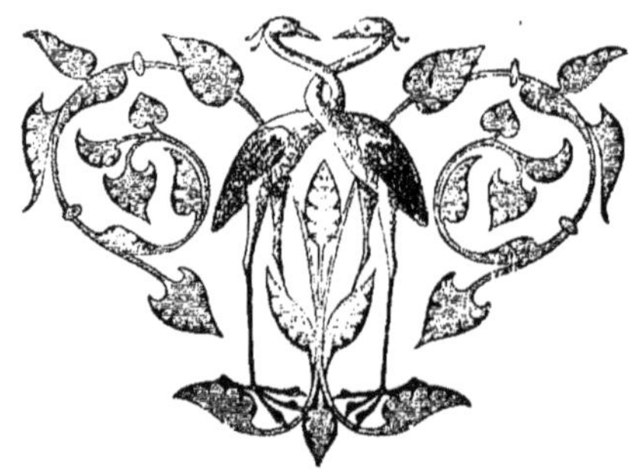

www.ingramcontent.com/pod-product-compliance
Ingram Content Group UK Ltd.
Pitfield, Milton Keynes, MK11 3LW, UK
UKHW020452180726
13839UKWH00004B/1781

9 782329 522500